EL LIBRITO DE
INSTRUCCIONES
DE DIOS
PARA

Hombres

UNA COLECCIÓN DE DICHOS
DE GRAN MOTIVACIÓN
¡PARA INSPIRARTE
HACIA LA GRANDEZA!

Unilit   HONOR BOOKS   Sepa

*Espero
que sea de
bendición para
tu vida*

*Para: Lenin
Do: to prof. Amanda
Feliz Cumpleaños
23/08/2013*

Publicado por
Editorial Unilit
Miami, FL 33172
Derechos reservados

© 1998, 2011 Editorial Unilit (Spanish translation)
Primera edición 1998
Nueva edición 2011

© 1996 por Honor Books, Inc.
Originalmente publicado en inglés con el título:
God's Little Instruction Book for Men.
Publicado por Honor Books, Inc.
Tulsa, Oklahoma 74155

Traducción: Gabriel Prada
Diseño cubierta /interior: Alicia Mejias
Fotografías de la cubierta e interior: ©2011, sajko/maraga
Usada con la autorización de Shutterstock.com

El texto bíblico ha sido tomado de la versión Reina Valera © 1960 Sociedades Bíblicas en
América Latina; © renovado 1988 Sociedades Bíblicas Unidas.
Utilizado con permiso.
Reina-Valera 1960® es una marca registrada de la American Bible Society,
y puede ser usada solamente bajo licencia.
Las citas bíblicas señaladas con LBLA se tomaron de la Santa Biblia, *La Biblia
de Las Américas.* © 1986 por The Lockman Foundation.
Las citas bíblicas señaladas con LBD se tomaron de la Santa Biblia, *La Biblia al Día.*
© 1979 por la Sociedad Bíblica Internacional.
Usadas con permiso.

Producto 498350
ISBN 0-7899-0545-0
ISBN 978-0-7899-0545-1
Impreso en Colombia
Printed in Colombia

Categoría: Vida cristiana/Vida práctica/Hombres
Category: Christian Living/Practical Life/Men

Introducción

El librito de instrucciones de Dios para hombres es una poderosa colección de citas dinámicas que, junto a la sabiduría de los siglos, la Palabra de Dios, logrará motivar a los hombres a vivir una vida feliz, productiva y plena, y los inspirará en el esfuerzo por lograr desarrollar carácter y excelencia en el diario vivir.

Este pequeño libro ofrece lectura divertida, y también nos motiva a la meditación. Suple a los hombres de consejos piadosos sobre numerosos temas de vital importancia para la vida. En sus páginas podrá encontrar citas conocidas y otras completamente desconocidas sobre temas tales como: los logros personales, la excelencia, la integridad y cómo alcanzar el verdadero éxito en la vida. Después de cada cita se ha incluido un verso inspiracional, para que también podamos leer lo que nos dice respecto al tema el manual de instrucciones de la vida, la Biblia.

El librito de instrucciones de Dios para hombres lanza un desafío a los hombres para que trasciendan más allá del *status quo* de la sociedad, y que desarrollen una visión de sí mismos, para que cumplan la razón por la cual Dios los creó.

Nunca digamos:
Cada hombre es el arquitecto
de su propia fortuna;
más bien digamos:
Cada hombre es el arquitecto
de su propio carácter.

Hasta que muera, no quitaré de mí mi
integridad. Mi justicia tengo asida, y no la
cederé; no me reprochará mi corazón en
todos mis días.

Job 27:5-6

Cuando Dios mide a un hombre,
le coloca la cinta de medir
alrededor del corazón y no
alrededor de la cabeza.

Porque Jehová no mira lo que mira el hombre;
pues el hombre mira lo que está delante de
sus ojos, pero Jehová mira el corazón.

I Samuel 16:7

La manera de ver cada día, va a depender de hacia quién estés mirando.

Alzaré mis ojos a los montes; ¿De dónde vendrá mi socorro? Mi socorro viene de Jehová, que hizo los cielos y la tierra.

Salmos 121:1-2

La verdad no solamente
se confiesa,
hay que vivirla.

Pero sed hacedores de la palabra,
y no tan solamente oidores,
engañándoos a vosotros mismos.

Santiago 1:22

Todas los imposibles se desvanecen, cuando un hombre y su Dios se enfrentan juntos a una montaña.

Mas para Dios todo es posible.

Mateo 19:26

Muy a menudo amamos
las cosas y usamos a las
personas, cuando deberíamos
estar usando las cosas y
amando a las personas.

Ámense con cariño de hermanos
y deléitense en el respeto mutuo.

Romanos 12:10 LBD

El honor es mejor que los honores.

Porque yo honraré a los
que me honran.

I Samuel 2:30

Lo que un hombre hace no es lo que determina si su trabajo es sagrado o secular, más bien el por qué lo hace.

Y todo lo que hagáis, hacedlo de corazón, como para el Señor y no para los hombres [...] porque a Cristo el Señor servís.

Colosenses 3:23-24

Carácter es, lo que eres en la oscuridad.

La integridad de los rectos los encaminará.

Proverbios 11:3

La medida máxima de un hombre no radica en la posición que asume en tiempos de comodidad y conveniencia, sino en la posición que asume en tiempos de reto y controversia.

Eres de baja calidad si no puedes soportar la presión de la adversidad.

Proverbios 24:10 LBD

Si dices la verdad, no tendrás que recordar nada.

El hombre bueno es conocido por su
veracidad; el falso, por su
engaño y mentira.

Proverbios 12:17 LBD

Confía en ti mismo y estarás condenado a la desilusión... confía en el dinero y lo podrás perder... Pero si confías en Dios, nunca estarás confundido en tiempo o eternidad.

Mejor es confiar en Jehová que confiar en el hombre.

Salmo 118:8

El hombre que es superior...
permanece erguido al
inclinarse sobre el caído.
Crece al levantar a otros.

También os rogamos, hermanos, que
amonestéis a los ociosos, que alentéis a los de
poco ánimo, que sostengáis a los débiles, que
seáis pacientes para con todos.

I Tesalonicenses 5:14

No es mucho lo que puedes
hacer por tus antepasados, pero
sí puedes influir enormemente
en tus descendientes.

Pero yo y mi casa serviremos
a Jehová.

Josué 24:15

El sacrificio es la evidencia más poderosa de lo que es amor.

Porque de tal manera amó Dios al mundo, que ha dado a su Hijo unigénito, para que todo aquel que en él cree, no se pierda, mas tenga vida eterna.

Juan 3:16

El hombre que no le teme
a la verdad, no tiene por qué
temerle a las mentiras.

Tu misericordia y tu verdad me
guarden siempre.

Salmo 40:11 RV60

Los hombre gastan toda
su salud procurando
enriquecerse; luego
gustosamente, gastan todo
lo que poseen por recobrar
la salud que perdieron.

Porque los que quieren enriquecerse caen en
tentación y lazo, y en muchas codicias necias y
dañosas, que hunden a los hombres
en destrucción y perdición.

I Timoteo 6:9

El primer deber del amor es escuchar.

Por esto, mis amados hermanos, todo
hombre sea pronto para oír.

Santiago 1:19

Ninguna persona jamás
ha recibido honor por algo
que recibió. El honor es la
recompensa por algo
que se da.

Pero el justo da, y no detiene
su mano.

Proverbios 21:26

La responsabilidad es a lo
que más le temen las personas.
Sin embargo, es lo único
en el mundo que nos hace
madurar, crea en nosotros
hombría... fibra.

Bienaventurado aquel siervo al cual, cuando
su señor venga, le halle haciendo así.

Lucas 12:43

Quizás una vez en cien años alguien se destruya por la alabanza excesiva; pero es muy cierto que cada minuto alguien muere por falta de la misma.

Ninguna palabra corrompida salga de vuestra boca, sino la que sea buena para la necesaria edificación, a fin de dar gracia a los oyentes.

Efesios 4:29

Las personas mayores
monopolizan el escuchar.
Los pequeños monopolizan
el hablar.

¿Has visto hombre ligero en sus palabras?
Más esperanza hay del necio que de él.

Proverbios 29:20

Dios no rechaza a nadie,
excepto a aquellos
que están llenos
de sí mismos.

Dios resiste a los soberbios,
y da gracia a los humildes.

I Pedro 5:5

La medida de un hombre
no radica en lo que hace
el domingo, sino en quien
él es de lunes a sábado.

Para que andéis como es digno del
Señor, agradándole en todo, llevando
fruto en toda buena obra.

Colosenses 1:10

El mundo es bendecido
mayormente por aquellos
hombres que hacen cosas,
y no por aquellos que solo
hablan de cosas.

Pero sed hacedores de la palabra,
y no tan solamente oidores,
engañándoos a vosotros mismos.

Santiago 1:22

La autoridad sin sabiduría
es como una pesada hacha
sin filo; sirve mejor para
hacer daño que para pulir.

Conforme a la autoridad que el Señor
me ha dado para edificación,
y no para destrucción.

2 Corintios 13:10

La mejor manera de enseñar
carácter es teniéndolo
alrededor de la casa.

Camina en su integridad el justo;
sus hijos son dichosos después de él.

Proverbios 20:7

El luchador vencedor
pudo haber sido considerado
como derrotado en varias
ocasiones, pero éste nunca
escuchó al árbitro.

Porque siete veces cae el justo,
y vuelve a levantarse.

Proverbios 24:16

Es imposible que pierda
la esperanza el hombre que
recuerda que su Ayudador
es omnipotente.

Levantaré mis ojos a los montes;
¿de dónde vendrá mi socorro?
Mi socorro viene del Señor, que hizo
los cielos y la tierra.

Salmos 121:1-2, LBLA

Si existe una verdadera medida de lo que un hombre es aparte de lo que hace, debe ser la medida de lo que da.

Más bienaventurado es dar que recibir.

Hechos 20:35, LBLA

Motivados por ganarse la vida, los hombres se olvidan de vivir.

Es en vano que os levantéis de madrugada, que os acostéis tarde, que comáis el pan de afanosa labor, pues Él da [bendiciones] a su amado aun mientras duerme.

Salmos 127:2, LBLA

Si un hombre no puede ser cristiano en el sitio donde se encuentra, no podrá ser cristiano en ningún lugar.

Así brille vuestra luz delante de los hombres, para que vean vuestras buenas acciones y glorifiquen a vuestro Padre que está en los cielos.

Mateo 5:16, LBLA

No puedes vivir un día
perfecto sin hacer por alguien
alguna cosa que nunca te la
puedan corresponder.

Y no os olvidéis de hacer el bien y de
la ayuda mutua; porque de tales
sacrificios se agrada Dios.

Hebreos 13:16, LBLA

Todo hombre siente entusiasmo a veces. Un hombre puede sentir entusiasmo por treinta minutos, mientras que otro lo tiene por treinta días, pero el hombre que tiene éxito en la vida es el que lo tiene por treinta años.

Corramos con paciencia la carrera que tenemos por delante.

Hebreos 12:1, LBLA

Mide tus riquezas no
por las cosas que tienes,
sino por aquellas cosas
por las cuales no aceptarías
dinero alguno.

La vida no depende de la
abundancia de bienes.

Lucas 12:15, LBD

El hombre necio busca
la felicidad en la distancia;
el sabio la hace crecer
bajo sus pies.

He aprendido a contentarme
cualquiera que sea mi situación.

Filipenses 4:11, LBLA

Busca primero a Dios,
y las cosas que deseas
te buscarán a ti.

Pero buscad primero su reino
y su justicia, y todas estas
cosas os serán añadidas.

Mateo 6:33, LBLA

La fortaleza de un hombre
consiste en averiguar el camino
por donde se dirige Dios,
y andar en él.

Yo soy la luz del mundo; el que me
sigue no andará en tinieblas, sino que
tendrá la luz de la vida.

Juan 8:12, LBLA

Hasta que no hagas las paces con quien eres, nunca podrás estar contento con lo que posees.

Pero la piedad, en efecto, es un medio de gran ganancia.

I Timoteo 6:6, LBLA

Un caballero siempre es caballeroso.

Y el siervo del Señor no debe ser
rencilloso, sino amable
para con todos.

2 Timoteo 2:24, LBLA

(El hombre con llamado)
se ve a sí mismo como un
mayordomo... Siempre es
obediente en vez de ambicioso,
comprometido en vez de
competitivo. Para él, no hay nada
más importante que complacer
a aquel que lo llamó.

Guardamos sus mandamientos,
y hacemos las cosas que son
agradables delante de Él.

I Juan 3:22, LBLA

Si yo cuido de mi carácter, mi reputación cuidará de sí misma.

La justicia guarda al íntegro en su camino, mas la maldad trastorna al pecador.

Proverbios 13:6, LBLA

Muchos son los que
escuchan consejo, pero
solo los sabios se
benefician de ellos.

Por la soberbia sólo viene la contienda,
mas con los que reciben consejos
está la sabiduría.

Proverbios 13:10, LBLA

Nunca he sido herido por algo que no he dicho.

En las muchas palabras, la transgresión es inevitable, mas el que refrena sus labios es prudente.

Proverbios 10:19, LBLA

Éxito es conocer la diferencia entre arrinconar a la gente en una esquina y llevarlos a estar contigo en la tuya.

¿Andan dos hombres juntos si no se han puesto de acuerdo?

Amós 3:3, LBLA

Un caballo no llega a ningún lado hasta que las guarniciones sean puestas. Una vida jamás llega a ser grande hasta que no esté enfocada, dedicada y disciplinada.

¿No sabéis que los que corren en el estadio, todos en verdad corren, pero sólo uno obtiene el premio? [...] Y todo el que compite en los juegos se abstiene de todo.

I Corintios 9:24-25, LBLA

La manera de llegar a la cima es levantándote del trasero.

¿Hasta cuándo, perezoso, estarás
acostado? ¿Cuándo te levantarás
de tu sueño?

Proverbios 6:9, LBLA

Hay ocasiones en que el silencio es oro; pero otras veces es cobardía.

Hay un tiempo señalado para todo [...] tiempo de callar, y tiempo de hablar.

Eclesiastés 3:1,7, LBLA

Cada trabajo es un autorretrato
de la persona que lo
desempeña. Firma tu labor
con la excelencia.

Pero este mismo Daniel sobresalía entre los
funcionarios y sátrapas porque había en él un
espíritu extraordinario.

Daniel 6:3, LBLA

Las mejores cosas en la vida no son gratis.

Sabiendo que no fuisteis redimidos de
vuestra vana manera de vivir heredada de vuestros
padres con cosas perecederas como oro o plata, sino
con sangre preciosa, como de un cordero sin tacha y
sin mancha, la sangre de Cristo.

I Pedro 1:18-19, LBLA

No le pidas a Dios por lo
que crees es bueno;
pídele lo que Él cree
es bueno para ti.

Vosotros, pues, orad de esta manera: [...]
Venga tu reino. Hágase tu voluntad,
así en la tierra como en el cielo.

Mateo 6:9-10, LBLA

No te desanimes.
Todos los que han llegado a
donde él está, comenzaron
donde él estaba.

Aunque tu principio haya sido
insignificante, con todo, tu final
aumentará sobremanera.

Job 8:7, LBLA

La madurez no viene con la edad; viene con la aceptación de responsabilidad.

Cuando yo era niño, hablaba como niño, pensaba como niño, razonaba como niño; pero cuando llegué a ser hombre, dejé las cosas de niño.

I Corintios 13:11, LBLA

Las personas más felices no gozan necesariamente de todo lo mejor; simplemente hacen lo mejor de todas las cosas.

Pues he aprendido a contentarme cualquiera que sea mi situación. Todo lo puedo en Cristo que me fortalece.

Filipenses 4:11,13, LBLA

Aprende por experiencia,
preferiblemente de la
experiencia de otros.

Estas cosas les sucedieron como ejemplo, y
fueron escritas como enseñanza
para nosotros.

I Corintios 10:11, LBLA

No es difícil tomar decisiones
cuando sabes cuáles son
tus valores.

Se propuso Daniel en su corazón
no contaminarse.

Daniel 1:8, LBLA

El fin debe justificar los medios.

El justo anda en su integridad; ¡cuán dichosos son sus hijos después de él!

Proverbios 20:7, LBLA

La adversidad hace que
algunos hombres sean
derribados, mientras que
a otros los hace superar
lo mejor.

Si eres débil en día de angustia,
tu fuerza es limitada.

Proverbios 24:10, LBLA

El hombre que desea
dirigir la orquesta,
debe darle la espalda
al público.

Por tanto, salid de en medio de ellos
y apartaos, dice el Señor.

2 Corintios 6:17, LBLA

Los hombres son iguales en las promesas que hacen; es en sus obras donde difieren.

Muchos hombres proclaman su propia lealtad, pero un hombre digno de confianza, ¿quién lo hallará?

Proverbios 20:6, LBLA

Conquístate a ti mismo en lugar de conquistar el mundo.

Asimismo, exhorta a los jóvenes
a que sean prudentes.

Tito 2:6, LBLA

Aquel que ha aprendido a obedecer sabrá cómo mandar.

El sabio de corazón aceptará mandatos,
mas el necio charlatán será derribado.

Proverbios 10:8, LBLA

Es necesario tener metas
a largo plazo para que
no te frustres con los
fracasos a corto plazo.

Puestos lo ojos en Jesús, el autor y
consumador de la fe, el cual por el gozo
puesto delante de él sufrió la cruz,
menospreciando el oprobio, y se
sentó a la diestra del trono de Dios.

Hebreos 12:2

El futuro les pertenece a aquellos que creen en la hermosura de sus sueños.

Al que cree todo le es posible.

Marcos 9:23

El futuro le pertenece a aquellos que ven las posibilidades antes que estas se hagan obvias.

Aunque la visión tardará aún por un tiempo [...] espéralo, porque sin duda vendrá, no tardará.

Habacuc 2:3

69

La perseverancia es un elemento importante para lograr el éxito; si solo golpeas la puerta por largo tiempo y haces bastante ruido, seguramente despertarás a alguien.

Pedid, y se os dará; buscad, y hallaréis; llamad, y se os abrirá.

Lucas 11:9

El talento más valioso es:
nunca usar dos palabras,
cuando con una sola basta.

En las muchas palabras no falta
pecado; mas el que refrena sus labios
es prudente

Proverbios 10:19

Jamás se ha logrado hacer algo grande sin entusiasmo.

Porque el gozo de Jehová es vuestra fuerza.

Nehemias 8:10

Talla tu nombre en corazones y no en mármol.

Nuestras cartas sois vosotros, escritas en nuestros corazones, conocidas y leídas por todos los hombres [...] no en tablas de piedra, sino en tablas de carne del corazón.

2 Corintios 3:2,3

La mitad de los problemas
de esta vida se pueden
atribuir a decir que sí
demasiado rápido, y a no
decir que no a tiempo.

¿Ves a un hombre precipitado en
sus palabras? Más esperanza hay
para el necio que para él.

Proverbios 29:20, LBLA

Tú puedes lograr más con Dios en una hora que en toda la vida sin él.

Mas para Dios todo es posible.

Mateo 19:26

El hombre no podrá descubrir nuevos océanos a menos que tenga la valentía de perder de vista la costa.

Y descendiendo Pedro de la barca, andaba sobre las aguas para ir a Jesús.

Mateo 14:29

«La oración del supervisor»

Señor, cuando esté equivocado, permíteme la disposición para cambiar; cuando esté en lo cierto, permite que sea fácil para otros vivir junto a mí. Fortaléceme de tal manera, que el poder de mi ejemplo exceda varias veces la autoridad de mi rango.

No porque no tuviésemos derecho, sino por daros nosotros mismos un ejemplo para que nos imitaseis.

2 Tesalonicenses 3:9

Un hombre valiente es mayoría.

Esforzaos y cobrad ánimo; [...] porque
Jehová tu Dios [...] no te dejará,
ni te desamparará.

Deuteronomio 31:6

Un hombre no revela su propio carácter de manera más clara que cuando está describiendo a otro hombre.

El hombre bueno, del buen tesoro del corazón saca buenas cosas; y el hombre malo, del mal tesoro saca malas cosas.

Mateo 12:35

El mayor uso que se le puede dar a la vida es invertirla en algo que trascienda la vida misma.

Sino haceos tesoros en el cielo, donde ni la polilla ni el orín corrompen, y donde ladrones no minan ni hurtan.

Mateo 6:20

Cualquier cosa que hagamos en alguna gran ocasión va a depender probablemente de lo que ya somos; y lo que somos, será el resultado de años previos de disciplina.

Sino que golpeo mi cuerpo, y lo pongo en servidumbre.

I Corintios 9:27

Nuestras obras determinan quiénes somos, de la misma manera que nosotros determinamos nuestras obras.

Aun el muchacho es conocido por sus hechos,
si su conducta fuere limpia y recta.

Proverbios 20:11

No importa cuál haya sido
el pasado de un hombre,
su futuro es perfectamente
limpio.

Olvidando ciertamente lo que queda atrás,
y extendiéndome a lo que está delante.

Filipenses 3:13

Todo llega a aquel que se da prisa mientras espera.

A fin de que no os hagáis perezosos, sino imitadores de aquellos que por la fe y la paciencia heredan las promesas.

Hebreos 6:12

La derrota no es el peor de los fracasos. No haber hecho el intento es el verdadero fracaso.

Mira que te mando que te esfuerces y seas valiente; no temas ni desmayes, porque Jehová tu Dios estará contigo en dondequiera que vayas.

Josué 1:9

Preferiría fracasar en la causa que un día triunfará, en vez de triunfar en la causa que un día fracasará.

Mas a Dios gracias, el cual nos lleva siempre en triunfo en Cristo Jesús.

2 Corintios 2:14

El secreto del éxito radica
en ser como un pato en el agua,
tranquilo e imperturbable por
encima, pero chapoteando
furiosamente por debajo.

He trabajado más que todos ellos;
pero no yo, sino la gracia de
Dios conmigo.

I Corintios 15:10

Ningún plan vale el costo
del papel en cual está
impreso, a menos que te
impulse a hacer algo.

Pero ser hacedores de la palabra,
y no tan solamente oidores,
engañándoos a vosotros mismos.

Santiago 1:22

La vida es como una moneda. Puedes gastarla de la manera que desees, pero solo puedes gastarla una sola vez.

El que es el mayor de vosotros, sea vuestro siervo [...] y el que se humilla será enaltecido.

Mateo 23:11-12

Solamente las pasiones, las grandes pasiones, son las que pueden elevar el alma hacia grandes cosas.

Es verdad que ninguna disciplina al presente parece ser causa de gozo, sino de tristeza; pero después da fruto apacible de justicia a los que en ella han sido ejercitados.

Hebreos 12:11

Los fracasos desean métodos
placenteros, los éxitos
desean resultados
placenteros.

Los castigos siempre son dolorosos de
momento, pero al final uno ve en el
que ha sido disciplinado un apacible
crecimiento en gracia y carácter.

Hebreos 12:11, LBD

La mayor parte de las cosas que vale la pena hacer en el mundo, fueron declaradas como un imposible antes que fueron hechas.

Mas para Dios todo es posible.

Mateo 19:26

Una buena reputación vale más que el dinero.

De más estima es el buen nombre
que las muchas riquezas.

Proverbios 22:1

El mundo le pertenece al hombre que es lo suficientemente sabio como para cambiar de parecer ante la presencia de los hechos.

El que escucha la corrección tiene entendimiento.

Proverbios 15:32

Cada llamamiento es supremo,
si se desempeña
con grandeza.

Prosigo a la meta, al premio del supremo
llamamiento de Dios en Cristo Jesús.

Filipenses 3:14

La paciencia es amarga, pero dulce es su fruto.

Porque os es necesaria la paciencia,
para que habiendo hecho la voluntad
de Dios, obtengáis la promesa.

Hebreos 10:36

Caballeros, no procuren
convertirse en hombres de éxito;
más bien procuren llegar
a ser hombres de valor.

Camina en su integridad el justo.

Proverbios 20:7

Cuando trabajes para
alguien, que sea con el
mismo celo que trabajarías
para ti mismo.

No mirando cada uno por lo suyo
propio, sino cada cual también
por lo de los otros.

Filipenses 2:4

El dinero es un buen sirviente, pero un mal amo.

El rico se enseñorea de los pobres,
y el que toma prestado es siervo
del que presta.

Proverbios 22:7

Cuando hagas las cosas que tienes que hacer, en el momento en que debes hacerlas, llegará el día en que podrás hacer las cosas que quieres, cuando desees hacerlas.

La mano negligente empobrece; mas la mano de los diligentes enriquece.

Proverbios 10:4

Las dos palabras más importantes: «Muy agradecido». La palabra más importante: «Nosotros». La palabra menos importante: «Yo».

Nada hagáis por contienda o por vanagloria; antes bien con humildad, estimando cada uno a los demás como superiores a él mismo.

Filipenses 2:3

Considero que es más valiente aquel que logra vencer sus propios deseos, que el que vence sobre sus enemigos; porque la victoria más difícil es la que se logra sobre uno mismo.

Sino que golpeo mi cuerpo, y lo pongo en servidumbre.

I Corintios 9:27

Valentía es la resistencia
ante el temor, es el dominio
sobre el temor, no la ausencia
de temor.

Aunque ande en valle de sombra de
muerte, no temeré mal alguno,
porque tú estarás conmigo; tu vara y tu
cayado me infundirán aliento.

Salmos 23:4

Las personas, los lugares
y las cosas nunca fueron
diseñadas para darnos vida.
Solo Dios es el autor de
la vida en plenitud.

Yo he venido para que tengan vida, y para
que la tengan en abundancia.

Juan 10:10

El acto supremo de fe ocurre cuando el hombre decide que no es Dios.

Reconoced que Jehová es Dios; él nos hizo y no nosotros a nosotros mismos; pueblo suyo somos, y ovejas de su prado.

Salmos 100:3

Un verdadero amigo nunca
te estorba en el camino,
a menos que te
estés cayendo.

En todo tiempo ama el amigo,
y es como un hermano en tiempo
de angustia.

Proverbios 17:17

El carácter no se crea en
medio de la crisis,
solo se muestra.

A Jehová he puesto siempre delante
de mí; porque está a mi diestra,
no seré conmovido.

Salmos 16:8

La sabiduría es esa característica que te mantiene alejado de ciertas situaciones donde necesitarías usarla.

Quiero que aprendas este hecho admirable: la vida empleada en hacer el bien es la más sabia que pueda haber. Teniendo una vida así, no cojearás ni tropezarás al correr.

Proverbios 4:11-12, LBD

Dios goza de larga historia
en la cual ha usado lo
insignificante para lograr
lo imposible.

Entonces Jesús, mirándolos, dijo:
Para los hombres es imposible, mas para
Dios, no; porque todas las cosas son
posibles para Dios.

Marcos 10:27

No se trata de cuántas horas
le dedicas al trabajo, más bien
se trata de cuánto trabajo le
dedicas a tus horas.

Y todo lo que hagáis, hacedlo de
corazón,como para el Señor y no
para los hombres.

Colosenses 3:23

El problema con la mayoría de nosotros es que preferiríamos ser arruinados por los elogios, que ser salvados por la crítica.

Si aprovechas la crítica constructiva alcanzarás un puesto entre los hombres famosos; pero si rechazas la crítica te perjudicas y dañas tus propios intereses.

Proverbios 15:31-32 LBD

Para lograr la paz mental,
debes renunciar a tu
posición como administrador
del universo.

Estad quietos, y conoced que
yo soy Dios.

Salmos 46:10

Un ateo es un hombre
que carece de todo medio
de apoyo invisible.

Dice el necio en su corazón:
No hay Dios.

Salmos 53:1

Una media verdad es por lo general menos que la mitad de la misma.

Los labios mentirosos son abominación a Jehová; pero los que hacen verdad son su contentamiento.

Proverbios 12:22

Mientras voy avanzando
en edad presto menos atención
a lo que dicen los hombres.
Simplemente miro las cosas
que hacen.

Muéstrame tu fe sin tus obras,
y yo te mostraré mi fe por mis obras.

Santiago 2:18

Algunas personas llegan hasta lo más alto de la escalera del éxito, sólo para encontrar que está recostada sobre la pared equivocada.

Mas buscad primeramente el reino de Dios y su justicia, y todas estas cosas os serán añadidas.

Mateo 6:33

Si te fuese dado un apodo descriptivo de tu carácter, ¿te sentirías orgulloso de él?

De más estima es el buen nombre
que las muchas riquezas.

Proverbios 22:1

Ora como si todo dependiera
de Dios, y trabaja como
si todo dependiera
del hombre.

La fe sin obras está muerta.

Santiago 2:26

El problema con exagerar
la verdad es que en algún
momento puede volverse
bruscamente en
tu contra.

El testigo falso no quedará sin castigo,
y el que habla mentiras no escapará.

Proverbios 19:5

Un hombre ciego que puede ver, es mejor que un hombre con vista que está ciego.

Pero bienaventurados vuestros ojos, porque ven; y vuestros oídos, porque oyen.

Mateo 13:16

Ocasionalmente los hombres tropiezan con la verdad, pero la mayoría de ellos se levantan y se alejan apresurados como si nada hubiera pasado.

El oído que escucha las amonestaciones de la vida, entre los sabios morará.

Proverbios 15:31

El mundo desea lo mejor
que tienes, pero Dios desea
todo lo que eres.

Porque todo el que quiere salvar su vida,
la perderá; y todo el que pierda su vida por
causa de mí y del evangelio, la salvará.

Marcos 8:35

La personalidad tiene el poder de abrir puertas, pero el carácter las mantiene abiertas.

El justo no será removido jamás.

Proverbios 10:30

Solo cuando nos hayamos
arrodillado ante Dios es que
podremos pararnos frente
a los hombres.

Humillaos, pues, bajo la poderosa mano
de Dios, para que él os exalte
cuando fuere tiempo.

I Pedro 5:6

Es posible ser demasiado grande para que Dios te use, pero nunca eres demasiado pequeño para que Dios te use.

La soberbia del hombre le abate; pero al humilde de espíritu sustenta la honra.

Proverbios 29:23

El cristiano debe guardar
la fe, pero no para
sí mismo.

Id por todo el mundo y predicad el
evangelio a toda criatura.

Marcos 16:15

Todo aquel que provee para esta vida, pero no se preocupa por la eternidad, es persona sabia por corto tiempo, pero necia por toda una eternidad.

Porque, ¿qué aprovechará al hombre, si ganare todo el mundo, y perdiere su alma? ¿O qué recompensa dará el hombre por su alma?

Mateo 16:26

La valentía es contagiosa.
Cuando un hombre valiente
se mantiene firme, el espíritu
de los otros se fortalece.

Velad, estad firmes en la fe; portaos
varonilmente, y esforzaos.

I Corintios 16:13

El hombre que canta sus propias alabanzas, siempre lo hace en tono equivocado.

Alábete el extraño y no tu propia boca; el ajeno, y no los labios tuyos.

Proverbios 27:2

Cuando tus sueños se
visten con ropas de trabajo,
eso es motivación.

Y todo lo que hagáis, hacedlo de
corazón, como para el Señor
y no para los hombres.

Colosenses 3:23

Si Dios va a ser tu socio,
que tus planes
sean grandes.

Todo lo puedo en Cristo que
me fortalece.

Filipenses 4:13

Cada vez que un hombre
está listo para descubrir sus
pecados, Dios siempre está
listo para cubrirlos.

El que encubre sus pecados no
prosperará; mas el que los confiesa
y se aparta alcanzará misericordia.

Proverbios 28:13

Un gran hombre siempre está dispuesto a ser pequeño.

El que es el mayor de vosotros,
sea vuestro siervo.

Mateo 23:11

La palabra de un hombre
honesto vale tanto como su
depósito en fianza.

Sino que vuestro sí sea sí,
y vuestro no sea no.

Santiago 5:12

Averigua qué es lo que
te gusta hacer, y no tendrás
que trabajar otro día por
el resto de tu vida.

Pregunten dónde está el buen camino, las
sendas santas que antes recorrían. Anden por
ellas, y hallarán descanso para sus almas.

Jeremías 6:16, LBD

La experiencia no es aquello
que le sucede a un hombre;
la experiencia es aquello
que un hombre hace con
lo que le sucede.

Porque todo lo que es nacido de Dios vence
al mundo; y esta es la victoria que ha
vencido al mundo, nuestra fe.

I Juan 5:4

Es característica de muy pocos hombres, honrar sin envidia a un amigo que ha prosperado.

En todo tiempo ama el amigo.

Proverbios 17:17

El hombre que no lee buenos libros, no tiene ninguna ventaja sobre el hombre que no puede leerlos.

Aplica tu corazón a la enseñanza, y tus oídos a la palabra de sabiduría.

Proverbios 23:12

Nunca permitas que el concepto que tienes de ti mismo se asocie con tu concepto del trabajo. Si tu trabajo se desvanece, tu identidad permanece.

Pues, ¿qué obtiene el hombre de todo su trabajo? Generaciones vienen y generaciones van y todo sigue igual.

Eclesiastés 1:3-4, LBD

Muchos hombres han
encontrado que la adquisición
de riquezas es solamente
un cambio, y no el fin de
los sufrimientos.

El que ama el dinero jamás se saciará.
¡Qué locura pensar que el dinero
produce felicidad!

Eclesiastés 5:10, LBD

Soy un derrotado, y lo sé,
si es que llego a encontrarme
con algún ser humano del
cual no soy capaz de
aprender algo.

El sabio oirá y crecerá en conocimiento,
y el inteligente adquirirá habilidad.

Proverbios 1:5, LBLA

Muéstrame un hombre que no se toma la molestia de hacer cosas pequeñas, y te mostraré un hombre en el cual no se puede confiar para que haga cosas grandes.

Bien, siervo bueno y fiel; en lo poco fuiste fiel, sobre mucho te pondré.

Mateo 25:21, LBLA

El secreto que a un hombre
se le hace más difícil guardar
es la opinión que tiene
de sí mismo.

Digo a cada uno de vosotros que no piense
más alto de sí que lo que debe pensar, sino
que piense con buen juicio.

Romanos 12:3, LBLA

Jamás nadie ha dicho en su lecho de muerte: ¡Hubiera deseado haber pasado más tiempo en el trabajo!

Consideré luego todas las obras que mis manos habían hecho y el trabajo en que me había empeñado, y he aquí, todo era vanidad y correr tras el viento.

Eclesiastés 2:11, LBLA

Hay una sola cosa que puede aguantar el ataque más recio a lo largo de toda la vida: Una conciencia tranquila.

Amados, si nuestro corazón no nos condena, confianza tenemos delante de Dios.

I Juan 3:21, LBLA

Los hombres superficiales creen en la suerte... los hombres fuertes creen en la causa y el efecto.

No os dejéis engañar, de Dios nadie se burla; pues todo lo que el hombre siembra, eso también segará.

Gálatas 6:7, LBLA

¿Amas tú la vida?
Entonces no desperdicies el
tiempo, porque de eso es
que está hecha la vida.

Recuerda cuán breve es mi vida.

Salmos 89:47, LBLA

Un hombre de honor siente
pesar por un acto vergonzoso,
aun cuando el mismo le
ha rendido algún provecho.

El corazón del sabio lo guía hacia la derecha,
y el corazón del necio, hacia la izquierda.

Eclesiastés 10:2, LBLA

No inviertas más tiempo
argumentando sobre cómo
debe ser un buen hombre.
Sé uno.

Sé ejemplo (modelo) de los creyentes en
palabra, conducta, amor, fe y pureza.

I Timoteo 4:12, LBLA

Protege tu propia credibilidad.
Uno de los mejores elogios que
uno puede recibir es el
comentario a tu favor que
dice:«Si él lo dijo, puedes
contar con ello».

El agrado de los reyes son los labios
justos, y amado será el que hable lo recto.

Proverbios 16:13, LBLA

El hombre que nace con un talento que le ha sido dado con el propósito de usarlo, encuentra su mayor felicidad al darle su justo uso.

Pero en ninguna manera estimo mi vida como valiosa para mí mismo, a fin de poder terminar mi carrera y el ministerio que recibí del Señor Jesús.

Hechos 20:24, LBLA

Una vez que has comenzado
alguna labor, nunca te apartes
de ella hasta que la acabes.
Sea la labor grande o pequeña,
o la haces bien o mejor
ni la comiences.

Todo lo que tu mano halle para hacer,
hazlo según tus fuerzas.

Eclesiastés 9:10, LBLA

Dame un empleado de almacén que tenga una meta, y te mostraré un hombre que hará historia. Dame un hombre sin una meta y te mostraré un empleado de almacén.

Puestos los ojos en Jesús [...] quien por el gozo puesto delante de Él soportó la cruz [...] y se ha sentado a la diestra del trono de Dios.

Hebreos 12:2, LBLA

El hombre que no hace nada
por error, normalmente
no hace nada.

Cuando caiga, no quedará derribado,
porque el Señor sostiene su mano.

Salmo 37:24, LBLA

Otros títulos en la serie:
Los libritos de instrucciones de Dios están
disponibles en las librerías de su localidad.